Como comprar com consciência

REINALDO DOMINGOS

Copyright 2012 by Reinaldo Domingos

Direção editorial: Simone Paulino
Projeto gráfico e diagramação: Terra Design Gráfico
Editora-assistente: Silvia Martinelli
Produção editorial: Maíra Viana
Redação: Erika Mazon
Produção gráfica: Christine Baptista
Revisão: Assertiva Produções Editoriais
Impressão: Intergraf Ind. Gráfica Ltda.

Todos os direitos desta edição são reservados
à DSOP Educação Financeira Ltda.
Av. Paulista, 726 – cj. 1210 – 12º andar
Bela Vista – CEP 01310-910 – São Paulo – SP
Tel.: 11 3177-7800 – Fax: 11 3177-7803
www.dsop.com.br

```
Dados  Internacionais  de  Catalogação  na  Publicação   (CIP)
       (Câmara  Brasileira  do  Livro,  SP,  Brasil)

       Domingos, Reinaldo
          Como comprar com consciência / Reinaldo
       Domingos. -- São Paulo : DSOP Educação Financeira,
       2013. -- (Coleção dinheiro sem segredo ; v. 7)

          ISBN 978-85-63680-73-0

          1. Dinheiro 2. Economia doméstica 3. Finanças
       pessoais - Decisões 4. Finanças pessoais -
       Planejamento 5. Investimentos 6. Matemática
       financeira 7. Poupança e investimento I. Título.
       II. Série.


       13-00455                                    CDD-332.6
```

Índices para catálogo sistemático:

1. Educação financeira : Economia   332.6

DINHEIRO SEM SEGREDO

Como comprar com consciência

REINALDO DOMINGOS

dsop

Sumário

Apresentação 8

Consumo consciente

A indústria do consumo 13

Resista às facilidades 17

Analise sua situação 20

Compre com desconto 23

Atenção à forma de pagamento

As armadilhas do cartão de crédito 29

Use com responsabilidade 32

Salde suas dívidas 35

E o cartão de débito? 38

Pense antes de gastar

Evite as compras sem valor 43

Questione suas motivações 46

Considere os custos indiretos 48

Rumo à estabilidade financeira

A diferença entre essencial e supérfluo 55

Compre com consciência 58

Radiografia financeira 63

Você no controle 66

DSOP Educação Financeira 70

Reinaldo Domingos 72

Contatos do autor 74

Apresentação

A Coleção **Dinheiro sem Segredo** foi especialmente desenvolvida para ajudar você e muitos outros brasileiros a conquistar a tão sonhada independência financeira.

Nos 12 fascículos que compõem a Coleção, o educador e terapeuta financeiro Reinaldo Domingos oferece todas as orientações necessárias e apresenta uma série de conhecimentos de fácil aplicação, para que você possa adotar em sua vida a fim de equilibrar suas finanças pessoais.

Questões como a caminhada para sair das dívidas, a realização de sonhos materiais como a compra da casa própria e a melhor forma de preparar uma aposentadoria são abordadas numa leitura fácil, saborosa e reflexiva.

Os fascículos trazem dicas de como lidar com empréstimos, cheques especiais, cartões de crédito e financiamentos, todas elas embasadas numa metodologia própria, que já ajudou milhares de brasileiros a ter uma vida financeira melhor e a realizar seus sonhos.

Observador e atento, Reinaldo faz uso de tudo o que ouve em seu dia a dia como educador e consultor financeiro para explicar o que se deve ou não fazer quando o assunto é finanças. As dicas e ensinamentos que constam nos fascículos são embasados pela Metodologia DSOP, um método de ensino desenvolvido pelo autor que consiste em diagnosticar gastos, priorizar sonhos, planejar o orçamento e poupar rendimentos.

Consumo consciente

A indústria do consumo.

Resista às facilidades.

Analise sua situação.

Compre com desconto.

A indústria do consumo

Em nosso dia a dia somos "bombardeados" por apelos de consumo. Ligamos a televisão e lá estão as propagandas nos mostrando inúmeros produtos e novidades, apresentados por pessoas e famílias bonitas e saudáveis em cenários que são verdadeiros paraísos.

Nas gôndolas dos supermercados não é diferente: guloseimas, biscoitos e salgadinhos em embalagens coloridas e atraentes são colocados estrategicamente nas filas dos caixas.

Nas lojas, as vitrines também convidam ao consumo, principalmente quando é época de festas. Os comerciantes apostam em atrativos diversos para conquistar os consumidores: Papai Noel tocando sineta na porta da loja, luzes piscando, muito brilho e música animada.

E quando passam as datas comemorativas ou chega o final de uma estação, o que acontece? Começam as liquidações, que nos estimulam a seguir de novo para as lojas e shopping centers.

Esses recursos são detalhadamente planejados para nos encorajar a comprar. Existem até profissionais especializados em descobrir formas de chamar a nossa atenção para as mercadorias à venda. São eles que decidem ações como as degustações nos supermercados, em que um produto é oferecido para experimentarmos – e comprarmos, claro!

Esses especialistas chegam a desenvolver até um perfume exclusivo para uma determinada marca ou loja, só para nos lembrarmos dela toda vez que sentimos aquele cheiro.

A indústria do estímulo ao consumo está tão sofisticada que adota ferramentas conhecidas mundialmente, a maioria grafada em inglês, como o "cross merchandising", ou cruzamento de produtos, quando os supermercados colocam, por exemplo, pacotes de queijo ralado na mesma gôndola onde estão as massas, para que você, ao comprar um, aproveite para levar também o outro.

Outras estratégias muito utilizadas são o chamado "gistpack", embalagens que vêm com brindes embutidos, e o "preço de isca", que significa atrair o consumidor para a loja por meio de um grande desconto em um produto conhecido no mercado. É quando uma rede supermercadista abaixa consideravelmente o preço de uma determinada marca de sabão em pó ou cerveja para que o consumidor vá até o local comprá-lo e acabe levando outros itens.

Muitas vezes, esses produtos em promoção estão com o prazo de validade perto de expirar. E também não é à toa que, quando essas ofertas acontecem, a quantidade do produto é limitada por pessoa, ou seja, a ideia é atrair mais gente para a loja e evitar que poucos consumidores acabem com o estoque.

Há ainda outros truques como colocar os produtos mais caros à vista, na altura dos olhos dos clientes, enquanto os mais baratos costumam ficar na parte de baixo das prateleiras.

É um "bombardeio" que atinge todo mundo – crianças, jovens, adultos e idosos – e acaba nos fazendo comprar mais do que precisamos e mais do que conseguimos usar. Afinal, quem nunca comprou uma roupa e, quando foi usá-la, percebeu que não ficava tão bem no corpo como no provador da loja? Às vezes, usamos a peça só por um tempo e depois a encostamos ou damos a alguém.

Com os alimentos acontece a mesma coisa: quem nunca comprou pãezinhos demais, que acabaram endurecendo antes de ser consumidos? Quem nunca acabou esquecendo uma cenoura na gaveta da geladeira, que murchou e foi parar no lixo?

Esses hábitos – ou vícios, em alguns casos – são resultado de décadas de consumo inconsciente, ou seja, de comprar sem pensar, a qualquer preço, de qualquer forma, sem refletir sobre o impacto daquela compra no equi-

Como comprar com consciência

líbrio financeiro, familiar e social. Afinal, consumir mais do que o necessário não faz bem a ninguém: prejudica o bolso, às vezes a saúde e até o meio ambiente. Veja como:

Bolso – porque o dinheiro gasto com alguma coisa que será pouco usada poderia ser destinado a algo mais útil, ou, melhor ainda, poupado para a realização de um sonho.

Saúde – porque, em várias situações, só para fazer companhia a um amigo ou por estarmos nervosos e ansiosos, comemos sem necessidade, ou seja, em excesso. Ou curtimos a preguiça na frente da televisão devorando um saco de salgadinhos ou pipoca.

Meio ambiente – porque o consumo excessivo e sem critério amplia também a quantidade de embalagens depositadas nos lixões, ou, pior ainda, espalhadas pelas ruas e praças, entupindo os bueiros, contaminando as águas dos rios e matando os peixes.

Consumo consciente

Resista às facilidades

Comprar por impulso e em excesso também pode acabar levando a uma situação de acúmulo de dívidas difíceis de serem quitadas. Isso é muito comum.

Pesquisas indicam que as compras feitas por impulso representam quase 10% do faturamento do varejo no Brasil. Isso porque a motivação do consumidor é emocional, ou seja, a tendência de gastar dinheiro com coisas inúteis vem da necessidade de se presentear e compensar alguma insatisfação.

Além disso, vivemos um tempo em que "ter" é mais importante do que "ser", em que todo mundo precisa do tênis mais moderno, da TV mais sofisticada, do celular mais equipado com recursos tecnológicos e do carro mais possante. Assim, é frequente que até as pessoas já endividadas acabem usando o dinheiro que ganham não para quitar os débitos e ficar equilibradas financeiramente, mas para fazer ainda mais dívidas.

Isso acontece porque, além da grande quantidade de oferta de produtos – de apartamentos a bugigangas vendidas em bancas nas ruas –, há cada vez mais facilidades para adquiri-los.

Estima-se que em 2012 a concessão de crédito ao consumidor apresentou um crescimento de 15% em relação ao ano anterior. Ou seja, a cada ano mais linhas de financiamento estão à disposição das pessoas que, muitas vezes por ingenuidade, não percebem os riscos da armadilha dos juros.

Além disso, quando um financiamento passa a não caber no orçamento, o consumidor começa a viver um pesadelo, pois a situação lhe tira a paz, o sono, a saúde e, muitas vezes, até a alegria de viver.

Você deve conhecer alguém que passou por isso e acabou tendo de devolver à instituição financeira um apartamento ou um carro comprado em 60 prestações porque não teve condições de arcar com o compromisso assumido.

Por isso, o recomendável é ficar sempre com um pé atrás em relação aos créditos fáceis e aos parcelamentos a perder de vista. É como diz o ditado: "Quando a esmola é demais, o santo desconfia". Isso porque todos esses financiamentos têm juros embutidos, mesmo que as propagandas digam o contrário.

Logo, ao ter consciência disso, você pode tentar buscar outras alternativas de pagamento para conseguir um preço mais justo. Sempre pergunte quanto custa o produto à vista. Dessa forma, o vendedor vai entender que você quer um desconto e estará aberto a negociar.

Mas, se decidir mesmo comprar a prazo, tenha certeza de que as prestações não comprometerão seu orçamento: atual e futuro. Se não levar isso em conta, você corre o risco de o crediário se tornar uma dívida que vai gerar ainda mais juros e multas além do que já está embutido no produto. E essa situação fará com que o valor final se multiplique por duas ou até três vezes.

Muita gente acaba se endividando além da conta, sem refletir sobre o real valor da dívida que estava assumindo. Assim, torna-se escrava do trabalho ou de sua empresa, pois precisa ganhar cada vez mais para pagar suas contas. Pior: torna-se escrava das instituições financeiras, onde acaba deixando quase tudo o que ganha em forma de juros e taxas que comprometem seu padrão de vida e o de sua família.

Claro que isso não significa que você nunca deva comprar a prazo. Muitas vezes, essa é a única forma de ter um bem que, naquele momento, é indispensável – caso, por exemplo, de uma lavadora de roupas que quebra e tem de ser substituída.

No entanto, é preciso fazer um parcelamento inteligente, compreendendo bem os juros e sempre lembrando que as lojas ganham ao comercializar o produto, mas ganham mais ainda ao vendê-lo a prazo.

Analise sua situação

Consumir de forma consciente significa fazer uma avaliação precisa do quanto você ganha e do quanto gasta. Somente assim terá condições de saber se o seu consumo está alinhado a um padrão de vida possível e sustentável.

Isso é importante para evitar contrair dívidas e comprometer o equilíbrio financeiro. Afinal, de nada adianta ter um carro de luxo comprado em prestações a perder de vista se você não tem condições de abastecê-lo. Ou gastar parte do dinheiro do supermercado em um sapato caríssimo e, para conseguir pagá-lo, ter de se alimentar inadequadamente.

São muitas as possibilidades de você cair em tentação. Porém, não há nada de errado com as lojas e os bancos que fazem publicidade de seus produtos e serviços. Eles existem para isso mesmo: levá-lo a enxergar a possibilidade de realizar seus sonhos e proporcionar os meios financeiros para isso, evidentemente garantindo o lucro. O problema é quando você, cego de desejo, compra e só depois começa a pensar no que fez e nas consequências de sua decisão.

A soma disso que eu chamo de "analfabetismo financeiro" com a vasta oferta, o marketing eficiente e o crédito fácil talvez seja a principal causa do comprometimento da saúde financeira desta e das próximas gerações.

Tanto é assim que os jovens de hoje – e não apenas eles – preferem se render ao imediatismo a poupar por um período suficiente para adquirir o bem que desejam ou mesmo recorrer a outro meio, como o consórcio.

Isso também tem a ver com a necessidade de status. Se parássemos para pensar nas razões pelas quais queremos comprar um produto, talvez mudássemos de ideia.

Sim, porque se o motivo for apenas status, vale analisar se não é muito mais inteligente destinar o dinheiro a outro propósito, como comprar uma casa própria daqui a alguns anos ou garantir uma reserva para complementar a aposentadoria ou mesmo sanar uma situação de emergência.

Afinal, ninguém está livre de imprevistos! Já imaginou se você ou alguém de sua família precisar de um tratamento médico urgente? Ou se tiver de passar a tomar medicamentos caros? Ou se você tiver de arcar com a contratação de um cuidador? Já pensou se teria condições para isso?

Outro aspecto que deve ser considerado e infelizmente também faz parte da nossa cultura é o desperdício. Toda vez que compramos alguma coisa e nos arrependemos, que jogamos algo fora porque ninguém usou ou comeu ou quando pagamos mais caro por um produto que depois encontramos em outra loja por preço menor,

Como comprar com consciência

estamos desperdiçando dinheiro, jogando pela janela o resultado do nosso trabalho.

Assim, é importante que você tenha consciência do tipo de consumidor que é, se consumista ou consciente, para, a partir dessa avaliação, mudar o seu comportamento. Veja as características abaixo que poderão ajudá-lo a refletir a respeito disso.

CONSUMISTA	CONSCIENTE
Gasta compulsivamente	Pondera antes de comprar
Desperdiça	Faz bom uso de tudo o que compra
Orienta-se pelo status	Orienta-se por um estilo de vida sustentável
Faz "shopping-terapia"	Só vai às compras quando realmente precisa de um produto
É imediatista e ansioso na hora da compra	É previdente e pensa no impacto da compra no futuro financeiro

Consumo consciente

Compre com desconto

O ato de comprar é fundamental para a conquista da independência financeira, já que uma das principais estratégias para poupar dinheiro é conseguir desconto. Comprar com desconto, portanto, significa gastar, mas também poupar. Isso porque os ganhos acima de 10% no ato da compra representam mais do que os rendimentos de qualquer aplicação financeira.

Se você é daqueles que têm vergonha de pedir desconto, preste atenção: todo produto ou serviço traz embutida uma margem que pode – e deve – ser negociada. Afinal, não é por acaso que um mesmo produto é vendido em determinada loja por um valor em um período do ano e por outro valor em outro.

Muitas variáveis contribuem para isso, todas relacionadas à oferta e à demanda. Por exemplo: no início do verão, quando a procura é maior, os ventiladores e condicionadores de ar custam muito mais do que no início do inverno.

E não é só isso! Às vezes, os comerciantes querem enxugar seus estoques ou mudar o perfil do negócio – o que implica deixar de vender determinados produtos e passar a vender outros – ou "desovar" alguns modelos antigos e abrir espaço para itens mais modernos. Nesses casos, é possível que, para fazer isso mais rapidamente, ofereçam descontos bem generosos. Logo, quem não compra por impulso é beneficiado.

O ideal é pesquisar o produto em pelo menos cinco lugares diferentes, inclusive em lojas virtuais, verificando sempre qual é o preço à vista, ou seja, com desconto.

Só assim você estará valorizando e respeitando o seu dinheiro e o esforço que faz para ganhá-lo. Caso não tenha toda a verba para a compra desejada, faça um planejamento e comece a guardar até que possa pagar à vista.

Além de pesquisar, outra forma de poupar é sair de casa para as compras com uma lista na mão. Isso vale tanto para as despesas do dia a dia como para os presentes de Natal, Dia das Crianças e Páscoa.

Nessas datas especiais, faça uma relação das pessoas que deseja presentear e anote o que pretende comprar para cada uma delas. Além disso, estabeleça um limite de valor para cada item.

Assim, você evita comprar mais do que deve e elimina o risco de gastar demais com um presente e ter de deixar de comprar outros.

No supermercado, a regra é a mesma: nada de comprar no primeiro lugar que estiver à mão, a caminho do trabalho para casa, achando que "só um produto ou dois não fará tanta diferença". Faz sim!

A diferença de preço de um detergente, por exemplo, entre um supermercado e outro pode ser de até 30%. Ou seja, com o dinheiro gasto em três unidades compradas no lugar mais caro seria possível comprar quase quatro na loja com preços menores.

Atenção à forma de pagamento

As armadilhas do cartão de crédito.

Use com responsabilidade.

Salde suas dívidas.

E o cartão de débito?

Atenção à forma de pagamento

As armadilhas do cartão de crédito

Você deve conhecer pessoas que, na tentativa de não gastar e se controlar, picam o cartão de crédito ou saem de casa sem ele. Elas não conseguem se conscientizar de que o chamado dinheiro de plástico é só uma forma, um meio de pagamento, e não uma despesa.

Se utilizados de forma adequada, os cartões de crédito e de débito podem ser bons aliados, principalmente em momentos de emergência, quando você estiver desprevenido e precisar fazer um gasto inesperado como um pequeno incidente que exija comprar um remédio na farmácia.

Usar o cartão de forma inteligente inclui programar a data de vencimento da fatura, de forma que você tenha uma folga para quitar as despesas. Veja como: se você fizer uma compra no dia 23, pode utilizar o cartão que vence no dia 30. Assim, aquela despesa não terá de ser paga na fatura que vence no dia 30 do mesmo mês, mas somente no final do mês seguinte. Isso significa que você ganha 37 dias para pagar a compra.

Caso você seja autônomo, profissional liberal ou empresário, que geralmente não têm um dia certo do mês para receber, pode ser bom negócio ter mais de um cartão, com vencimentos nos dias 10, 20 e 30, por exemplo. Dessa forma, terá maior flexibilidade para comprar.

Outra vantagem de usar o cartão de crédito é se cadastrar nos programas de pontos e milhagens que podem resultar em brindes, presentes, descontos em passagens aéreas e hotéis, além de outros benefícios.

Informe-se no seu banco ou com a operadora do cartão e saiba se eles mantêm programas desse tipo e como funcionam. Certifique-se de que não há taxas para aderir e também não há condições para a participação, como ter um gasto mínimo, etc.

Se há vantagens no uso do cartão de crédito, no entanto, também há muitos cuidados a serem tomados. Afinal, a maioria das pessoas não foi preparada para lidar com o dinheiro de forma consciente e responsável – nem mesmo no tempo em que todas as operações comerciais envolviam "dinheiro vivo".

Portanto, imagine nos dias de hoje, em que essas mesmas pessoas passaram a usar uma forma abstrata de dinheiro, que não vemos sair da carteira ou da conta corrente. Podemos comprar e parcelar tudo apenas com um pedaço de plástico nas mãos!

Aí é que mora o perigo. É preciso ter em mente que de fato não se está lidando com dinheiro, mas com um meio de compra e pagamento que, para ser honrado, exigirá uma quantia em dinheiro real, correspondente a todos os gastos feitos, no dia do vencimento.

Com o passar dos anos, o cartão de crédito deixou de ser apenas um benefício oferecido por lojas, mercados e postos de combustível dos Estados Unidos aos clientes mais fiéis para se espalhar pelo mundo e ser aceito em praticamente todos os estabelecimentos comerciais.

As instituições financeiras enxergaram nesse movimento uma boa oportunidade de negócio e passaram a oferecer cartões de crédito aos clientes e, em contrapartida, a cobrar juros de quem não conseguia quitar os débitos nas datas de vencimento.

Assim, usar o cartão de forma consciente e segura significa saber exatamente quanto você pode gastar por mês antes de fazer suas compras. Além disso, é preciso ter claro quanto desse dinheiro disponível para gastar já está comprometido com as compras parceladas no cartão.

É comum as pessoas estimarem por alto o valor da fatura que ainda vai chegar e simplesmente se esquecerem de compras feitas em várias parcelas e que ainda não foram completamente quitadas. O parcelamento de compras no cartão é uma espécie de buraco sem fundo. Você se engana com as pequenas parcelas e não calcula direito quanto as compras já representam no seu limite total e quanto desse limite cabe nos seus rendimentos mensais. E o pior: quando se dá conta, já está atolado.

Use com responsabilidade

Depois de avaliar os benefícios, vamos aos cuidados que devem ser tomados no uso do cartão de crédito. O primeiro é com o limite. Recomendo que ele não seja maior do que 30% de sua renda mensal. Logo, se você recebe R$ 2.000,00, o limite deve ser de R$ 600,00. Assim, você evita ultrapassar a sua capacidade de honrar dívidas.

Você pode estar pensando: "Mas se o banco me deu um limite bem maior é porque entende que eu posso arcar com ele". Nesse caso, lembre-se: para o banco, é bom que você compre sempre mais do que consegue pagar. Assim, terá de parcelar e, portanto, pagar juros. E se não pagar no prazo, ainda arcará com a multa.

A partir dessa lógica, fica fácil entender por que a instituição financeira é tão generosa no momento de estabelecer seu limite, não é mesmo?

Nesse ponto você deve estar achando que o banco é o grande vilão dos seus problemas financeiros. Mas, como já expliquei, é esse o negócio dele. Você é o responsável por suas escolhas e atos e, portanto, cabe a você impor o limite com base nos seus ganhos líquidos.

Atenção à forma de pagamento

Outro alerta é em relação à taxa de manutenção. De nada adianta ter três cartões para conseguir administrar melhor os ganhos e gastos, ou seja, ter mais folgas no pagamento das despesas, se essa vantagem for neutralizada pela obrigatoriedade de taxas. Negocie com a operadora do cartão e solicite a isenção da taxa de administração. Lembre-se: quem persiste consegue muita coisa.

Ainda em relação ao cartão de crédito, aqui vai a dica mais importante: evite ao máximo pagar apenas a parcela mínima da fatura, pois os juros são abusivos, extorsivos e impraticáveis. Não caia nessa armadilha! Duvido que você não conheça alguém que fez isso e acabou se enrolando e demorando muito para voltar à normalidade financeira.

Pagar apenas a parcela mínima faz com que a dívida comece a rolar mês a mês e se transforme em uma bola de neve. Lembre-se: o negócio das instituições financeiras é vender dinheiro, e os juros são seu lucro.

Se você quiser testar o poder devastador dessa situação, analise este exemplo. Uma pessoa que tenha um saldo devedor de R$ 100,00 em seu cartão de crédito, em que são cobrados juros de 13% ao mês:

Em dois anos deverá: R$ 1.878,81

Em cinco anos deverá: R$ 153.005,35

Em dez anos deverá: R$ 234.106.363,03

Em 15 anos deverá: R$ 358.195.253.802,61

DINHEIRO SEM SEGREDO

Ficou impressionado com esses números? Pois então não se esqueça de que todo cuidado é pouco quando o assunto é o pagamento da parcela mínima. Caso você não tenha recursos para pagar o total da fatura do seu cartão de crédito, busque outra solução que não seja o pagamento mínimo.

Salde suas dívidas

Se o pagamento da fatura do seu cartão de crédito está atrasado faz algum tempo ou você já se acostumou a pagar apenas o valor mínimo todo mês, já vimos que essa é uma situação que precisa ser revertida rapidamente para que você não seja engolido pelos juros galopantes cobrados nesse tipo de operação.

Em primeiro lugar, mantenha a calma e não se desespere com a situação. Apesar de difícil, tenha em mente que ela não é impossível de ser solucionada. Acredite: é possível reverter o quadro, desde que você esteja disposto a fazer o que for necessário. Os primeiros passos são reconhecer o problema e avaliar a sua gravidade.

Se as faturas do seu cartão de crédito estão atrasadas mas você ainda o utiliza para fazer compras, é sinal de que a situação poderá ser contornada com mais facilidade. Afinal, se o cartão está ativado, significa que você não está totalmente inadimplente e sem margem para negociação.

Mas é preciso que você tome uma primeira decisão importante: pare imediatamente de fazer compras com o seu cartão até que a situação esteja resolvida. Nesse momento, uma atitude mais radical, como não usar o cartão em hipótese nenhuma até que a dívida seja extinta, é a mais recomendada.

O tempo que levará para que você consiga reverter essa situação vai depender do tamanho da sua dívida e do valor que conseguirá disponibilizar mensalmente para quitar o débito. Lembre-se: você precisará "puxar o freio de mão" em tudo o que se referir a consumo até quitar sua dívida.

Repare que eu não sugeri que você simplesmente "pisasse no freio", porque essa expressão daria a entender que, a qualquer momento, você poderia voltar a consumir no mesmo ritmo que anteriormente. E essa não é a saída.

A solução para saldar sua dívida vai depender da sua capacidade de parar e reavaliar seu histórico financeiro, para identificar como e quando as coisas começaram a sair dos trilhos e, a partir daí, parar de comprar por tempo indeterminado.

Você pode estar pensando: "Mas como vou conseguir parar de comprar? As compras do supermercado e da farmácia eu geralmente pago com o cartão de crédito. Não tenho como deixar de comprar essas coisas, certo?". Claro que não estou sugerindo que você deixe de fazer gastos imprescindíveis em seu dia a dia, mas você terá que encontrar outro meio de pagamento para cumprir com esses compromissos.

Atenção à forma de pagamento

Você não pode confundir cartão de crédito com dinheiro. Lembre-se: o cartão é apenas um meio de pagamento, mas que está lhe trazendo problemas. Portanto, ele precisará ser substituído por outro meio.

Uma solução simples é passar a usar apenas o dinheiro em espécie, assim você terá maior controle sobre os gastos. Outra possibilidade para quitar o seu saldo devedor é contratar outra linha de crédito, porém com juros menores, que não ultrapassem a marca de 2,5% ao mês. Com essa quantia, você salda a sua dívida com a operadora do cartão de crédito, que cobra um dos juros mais altos do mercado. E, no lugar, passa a ter uma dívida em que a taxa de juros é menor e, portanto, mais viável de ser quitada.

E o cartão de débito?

Se o cartão for de débito, todo cuidado também é pouco. A cada ano tem aumentado o número de pessoas que utilizam essa forma de pagamento em suas despesas diárias.

Uma pesquisa recente feita por uma grande operadora de cartões constatou que hoje essa é a segunda forma de pagamento preferida dos consumidores brasileiros.

O levantamento, que mede a intenção dos clientes e não o uso efetivo, mostrou que nos últimos sete anos a preferência pelo débito avançou de 26% para 34% entre os consumidores. O estudo também chegou à conclusão de que o cartão de débito é a forma de pagamento que mais cresce no país, com um aumento médio de utilização de 25% ao ano.

O crescimento do uso de cartão de débito seria extremamente positivo se significasse que os consumidores estão dando prioridade para o pagamento à vista. Mas nem sempre é assim. Muita gente paga as contas com o cartão de débito, mas não tem saldo suficiente na conta-corrente para que o valor seja debitado.

Logo, o dinheiro sai do limite do cheque especial, ou seja, o pagamento é feito à vista no cartão de débito, mas

Atenção à forma de pagamento

na realidade o consumidor está financiando sua compra, ou seja, pagando juros por exceder o limite.

E ainda que os juros do cheque especial sejam menores do que os do cartão de crédito, usar o limite também é fazer um empréstimo, que pode fazer com que a situação fique insustentável caso sejam somados os juros do cheque especial aos do cartão de crédito.

Uma forma de evitar cair em tentação em relação ao cartão de débito é pagar as contas essenciais logo no início do mês, para ter uma noção mais clara do saldo restante em sua conta-corrente. Assim, a cada necessidade de consumo, você poderá avaliar os recursos disponíveis, porém sem considerar o limite do cheque especial, que não é seu, mas do banco.

Não conseguir distinguir isso é o caminho mais curto para a falência. Os jovens, especialmente, devem ter cuidado com as facilidades dos pagamentos eletrônicos, pois, como ainda são inexperientes na vida financeira, compõem um público mais influenciável pelas campanhas publicitárias e pela oferta de crédito fácil.

Caso você não tenha tomado cuidado e, por isso, entrou de cabeça no limite do cheque especial, uma forma de começar a resolver o problema é buscar no seu banco uma linha de crédito mais barata para pagar, de forma parcelada, a dívida acumulada. Procure o gerente e tente uma negociação, sem esquecer que as prestações assumidas devem caber no seu orçamento.

Pense antes de gastar

Evite as compras sem valor.

Questione suas motivações.

Considere os custos indiretos.

Evite as compras sem valor

O ideal é nunca fazer dívidas. Mas adquirir um bem de valor como um imóvel ou um carro pode ser até justificável, desde que a dívida seja feita com planejamento, de forma cautelosa e adequada. Afinal, imóvel e carro são bens úteis, necessários e que, além de facilitar a vida e dar mais segurança, acabam evitando outras despesas, como com aluguel, táxi, transporte público.

O problema maior é se enrolar por causa de dívidas sem valor, que podem desequilibrar o orçamento e até comprometer sua situação financeira atual e futura. Mas o que é exatamente uma dívida sem valor? É o resultado das compras também sem valor, quase sempre feitas por impulso, de coisas que não acrescentam nada à sua vida.

Todos temos bons exemplos de compras sem valor dentro de casa: um vestido dourado, caríssimo, tão chamativo que você nunca teve coragem de usar; uma lavadora de louças que gasta tanta energia e é tão complicada de usar que acabou ficando encostada em um canto da cozinha; um equipamento de ginástica que foi usado com empolgação apenas na primeira semana e agora, meses depois, virou um cabide de roupas; um celular com milhares de

Como comprar com consciência

recursos que você só usa para falar porque, além de não saber lidar com ele, usufruir suas vantagens implica pagar taxas e contratações extras. Sem contar os gastos em excesso com despesas essenciais como energia elétrica, água, gás e alimentação, que consumimos, em média, de 20% a 30% a mais do que o necessário, entre tantos outros exemplos.

Isso sem contar as compras desnecessárias no supermercado, na padaria e na feira. A lista pode ser longa, pois já é parte da nossa rotina comprar coisas que não agregam nada à nossa vida, tomam espaço em casa e ainda são responsáveis pelo sumiço do nosso dinheiro.

Na verdade, esse descontrole é fruto da ideia – que muitas pessoas ainda têm – de que consumir é um dos maiores prazeres da vida e, por isso mesmo, tem de ser feito com intensidade, como se não houvesse amanhã. Mas eu pergunto: e se houver? Como vai se manter, se sustentar e continuar consumindo?

As pessoas têm vivido cada vez mais. A expectativa de vida do brasileiro aumentou e hoje está na casa dos 74 anos. Além disso, a participação dos idosos na população também vem crescendo consideravelmente. Isso sem falar que pesquisas recentes indicam que de cada quatro pessoas que nascem, uma completará 100 anos.

Por isso, não se preparar para o futuro e consumir compulsivamente sem pensar no amanhã certamente trará impactos negativos em sua vida. Vivemos uma época em que as compras são feitas sem ponderação e as pessoas vêm substituindo o pensamento racional ("Penso, logo existo!") pelo irracional ("Compro, logo existo!"). Elas esquecem que a consequência dessa falta de lógica é: "Compro, logo devo".

E não adianta tentar se convencer de que compras e dívidas são coisas diferentes. Pense bem: dívida é aquilo que terá de ser pago pelo fato de você ter comprado. Ou seja, dívidas são compras muitas vezes acrescidas de juros, além daqueles já embutidos nos preços das mercadorias.

Isso quer dizer que a forma mais inteligente de livrar-se das dívidas sem valor é parar de comprar coisas sem valor. Até porque há casos em que as prestações da casa ou do automóvel, por exemplo, atrasam justamente porque o dinheiro que deveria ser destinado ao seu pagamento é queimado no dia a dia, em coisas sem utilidade.

Você pode até achar que não, que os seus gastos sem valor não são suficientes para comprometer o pagamento em dia das compras de valor, mas se fizer as contas vai constatar o contrário. Some tudo o que gastou com esses objetos inúteis, como a lavadora de louças, o vestido dourado e o celular poderoso, acrescente os juros embutidos nessas compras a prazo e, se for o caso, as multas por atrasar o pagamento. Você vai se espantar com o valor final, eu garanto.

Questione suas motivações

Como já observamos, alcançar o equilíbrio financeiro e viver em harmonia até mesmo com as dívidas de valor, pagando as prestações em dia e, se possível, adiantando a quitação de algumas, depende da sua capacidade em controlar as compras por impulso e aprender a adquirir apenas o que é realmente necessário e com as melhores condições possíveis.

Para conseguir fazer isso, antes de comprar qualquer coisa, avalie se você realmente precisa desse produto; se ele trará benefícios reais para a sua vida; se você está fazendo essa compra por uma necessidade ou movido por carência; se está comprando por vontade própria ou influenciado por outra pessoa ou por uma propaganda.

Se você for capaz de responder honestamente a esses questionamentos, provavelmente conseguirá definir o que tem e o que não tem valor para você, bem como o que deve ou não deve ser comprado.

Mas se mesmo diante dessa autoanálise você decidir pela compra do produto, eu sugiro que você se questione ainda sobre a quantidade de dinheiro disponível para realizar essa compra; se você tem condições de fazer o pagamento à vista ou precisará comprar a prazo e pagar juros; se você tem apenas o valor correspondente a uma parcela ou terá como arcar com esse custo nos próximos três, seis ou 12 meses; se você realmente precisa do modelo mais sofisticado ou uma versão mais básica e barata não seria suficiente para atender às suas necessidades.

Faço essa recomendação para que você se lembre de que os produtos têm pelo menos três preços: o real, o aplicado nas compras à vista e o fixado nas compras a prazo. Assim, quem quer evitar o endividamento deve se empenhar para comprar à vista, de forma a aproveitar ao máximo o dinheiro que tem disponível.

Se isso não for possível, o melhor é tentar poupar uma parte do dinheiro para dar de entrada e parcelar apenas metade do valor. Isso não descarta algumas recomendações que já fiz sobre a importância de pesquisar os preços do produto desejado em vários lugares e pechinchar.

Refletir sobre quanto você ganha e quanto sobra desse valor por mês antes de fazer um financiamento também é indispensável. Se o resultado dessa análise for zero, nem pense em comprar, pois o risco de você pagar juros, ficar inadimplente e ser penalizado com mais juros além de multa é muito grande.

Considere os custos indiretos

Depois de fazer um balanço de sua situação financeira, mesmo que encontre uma brecha para encaixar mais uma prestação, é importante que você reflita sobre mais um aspecto antes de ir às compras e assumir uma nova dívida: os custos indiretos que podem resultar do bem adquirido.

Vamos usar a televisão como exemplo. Há tempos você cobiça um modelo de última geração, já pesquisou e encontrou o produto com menor preço e melhores condições, que cabem no seu bolso. Ou seja, você fez tudo o que era possível para comprar de forma consciente.

Ainda assim, o custo da operação pode acabar sendo maior. Isso porque você pode ter de comprar um móvel para colocar a TV ou providenciar um suporte para fixá-la na parede.

Além disso, com o novo aparelho, você pode acabar sucumbindo ao desejo de assinar um pacote de TV a cabo ou da temporada de futebol.

Isso pode acontecer com todo tipo de produto. Com um vestido de festa novo, você acaba se convencendo de que precisa de um sapato ou de uma bolsa nova para combinar e até se anima a comprar maquiagem. Também pode acontecer com um armário para o quarto, que, assim que é instalado, o leva a comprar a cama do mesmo modelo. Enfim, uma despesa puxa a outra.

Até mesmo com as compras de valor ocorre essa situação. Ao adquirir um apartamento, por exemplo, você tem de ponderar os custos extras decorrentes como condomínio, fundo de obras, eventuais reparos, o custo da mudança, etc.

Com um veículo também é assim: ele implica o pagamento de seguro, imposto, licenciamento, estacionamento, pedágio, manutenção.

Por isso, pensar nas consequências das compras também é importante para manter o equilíbrio financeiro. Porque não adianta comprar a TV em várias parcelas e devido aos gastos extras decorrentes dessa aquisição concluir que não terá mais condições de continuar pagando a dívida, certo?

Pior ainda é quando isso acontece com alguma compra sem valor, ou seja, além de ter comprometido seu orçamento, o produto revela-se inútil e acaba encostado em um canto da casa, atrapalhando a passagem. E você sente raiva ou desânimo só de olhar pra ele.

Lembre-se: dívidas sem valor são as feitas por impulso, estimuladas pela emoção, pela propaganda, pela oferta de crédito fácil e parcelas a perder de vista. Já as dívidas de valor são as que agregam valor à sua vida e ampliam o seu patrimônio.

Saber a diferença de uma e de outra é um bom sinal de reeducação financeira e reduz as chances de você se endividar além da sua capacidade de pagamento.

Rumo à estabilidade financeira

A diferença entre essencial e supérfluo.

Compre com consciência.

Radiografia financeira.

Você no controle.

A diferença entre essencial e supérfluo

Quando passamos muito tempo consumindo de forma inconsciente e comprando por impulso, acabamos sendo tomados pela sensação de que tudo é importante, essencial. Mas esse é um grande engano!

Essenciais são as despesas das quais depende a sua sobrevivência e a de sua família, ou seja, alimentação, moradia, vestuário, transporte, água, luz e gás. Já superficiais são todos os gastos que poderiam ser cortados em um momento de aperto como revistas, livros, CDs, doces, brinquedos, passeios, cinema, restaurante, bebidas alcoólicas, salão de beleza e futebol de final de semana. Com relação a estas duas últimas chamo a atenção para que você tenha cautela, visto que elas agregam autoestima. Portanto, fique atento.

Ter em mente essa ideia ajuda a comprar de forma mais consciente, assim como adotar outras mudanças simples de comportamento, que podem até mesmo ser compartilhadas com a família para que todos aprendam juntos a buscar o equilíbrio financeiro.

Uma delas é trocar marcas famosas por outras, similares. Muitos supermercados trabalham com marcas próprias, mais populares e baratas que as de renome e cuja qualidade também é testada e aprovada. Faça a comparação entre as marcas e avalie se não é o caso de trocá-las. Seu bolso agradece.

Na mesma linha, ainda que esteja acostumado com um supermercado, conheça seus funcionários, saiba onde encontrar os produtos que costuma comprar, procure testar uma loja de outra rede, mais popular. Compare os preços e verá como é vantajoso. O mesmo vale para a pizzaria, o salão de beleza e qualquer outro tipo de estabelecimento de seu bairro. Conheça os concorrentes e opte por aquele que oferece qualidade, mas também o menor preço.

Você pode até argumentar que no supermercado mais popular você não encontra determinado produto do qual não abre mão: uma manteiga light ou um creme antialérgico para as mãos, por exemplo. Tudo bem. Vá então à loja a que está acostumado para comprar apenas esse produto e deixe o restante da sua lista para ser adquirido no local que oferecer mais vantagens.

Outro recurso é juntar os folhetos promocionais dos supermercados, aqueles jornais em que são anunciadas as promoções, e comparar os preços. Grande parte das redes de varejo se propõe a cobrir a oferta das concorrentes, ou seja, vender mais barato se o cliente apresentar um folheto comprovando que o preço em outro estabelecimento é menor.

Essa é uma boa alternativa para comprar mais por menos. Então, lembre-se de levar o folheto promocional para casa sempre que for ao supermercado. Olhar um a um, comparar os preços, marcar as ofertas pode até ser um exercício prazeroso e divertido. Até porque muitos desses folhetos trazem dicas para evitar o desperdício e aproveitar melhor os alimentos, além de receitas.

Compre com consciência

Se já somos propensos ao consumo exagerado, imagine quando nos são oferecidas vantagens extras. A ideia de ganhar alguma coisa é sempre atraente e pode nos levar a comprar mais do que precisamos.

Por exemplo: um site de compras anuncia que levando mais de um livro, o frete é grátis. Você acredita que é um grande benefício e acaba comprando algo de que nem precisa somente para não pagar pela taxa de entrega, sem perceber que muitas vezes o preço do livro é bem maior do que o valor do frete.

Outra promoção com a qual é preciso ter cuidado é do tipo "Pague 2, leve 3". Frequentemente, o custo unitário sai mais barato. Além disso, você corre o risco de estocar mercadoria em casa e perder o prazo de validade.

Lembre-se: não desperdiçar também é poupar. Além de estar atento às promoções, há muitas outras formas de consumir com consciência. Veja algumas delas:

Evite exageros

Estudos apontam que, em 2010, os americanos, que representam cerca de 5% da população do mundo, responderam por 32% do consumo global. Se todos nós nos comportássemos dessa forma, o planeta teria lugar para apenas 1,4 bilhão de pessoas e não 7 bilhões, como existem hoje.

Assim, resista ao impulso e deixe para o dia seguinte algo que será comprado sem pensar. Se o item for realmente necessário, você retornará para comprá-lo.

Evite o desperdício

Além de colocar no prato somente aquilo que conseguirá comer, reaproveite as sobras de alimentos, para usar como adubo em uma horta. Encaminhe as embalagens PET e de alumínio para a reciclagem e reduza ao máximo o uso de papel, adotando soluções como a impressão nas duas faces da folha.

Roupas, brinquedos, livros e outros tipos de objetos que não serão mais usados podem ser doados a instituições de caridade. Não compre nada que você não tenha certeza de que precisa e que realmente vai agregar algo à sua vida.

Não compre produtos piratas ou contrabandeados

Você pode até achar que está tendo uma grande vantagem ao pagar menos por esse tipo de mercadoria, mas na verdade está contribuindo para o aumento do crime organizado e, consequentemente, com a violência.

Prestigie empresas comprometidas

Procure se informar sobre as práticas trabalhistas, sociais e ambientais das empresas fornecedoras de produtos e serviços e dê preferência por itens fabricados por companhias idôneas e transparentes, que adotam boas práticas em seu negócio.

Dispense as embalagens de presentes

Nas datas festivas, quando é comum trocar presentes, combine com familiares e amigos para que eles sejam entregues sem embrulhos, que envolvem papel, fitas, laços e plástico. Mude o hábito e dê o exemplo.

Atenção aos estímulos

Se não tiver a intenção de fazer compras, não leve dinheiro ou cartões de crédito e débito ao sair de casa. Além disso, se não possuir dinheiro suficiente para adquirir o que deseja, evite comprar a prazo. Ainda que faça isso, certifique-se de que esse gasto cabe em seu bolso.

Estime corretamente as quantidades

Tanto no seu dia a dia como em uma festa, calcule corretamente o volume de alimentos e bebidas que será consumido para evitar desperdício. Também prefira produtos da estação ou cultivados na região onde mora: você economiza o custo do transporte embutido no preço e ainda evita a emissão de CO_2 na atmosfera.

Estime corretamente a utilidade

Em vez de se motivar pelas aparências e pelo status, certifique-se da utilidade daquilo que deseja comprar. Nesse sentido, por que optar por uma casa de sete cômodos onde irão morar duas pessoas? No momento de decorar ou mobiliar, a lógica deve ser a mesma: a casa deve refletir quem você é e não parecer uma vitrine fria e artificial, que exibe objetos caros e que nada têm a ver com você.

Conscientize as pessoas próximas

Tanto a reflexão sobre o padrão de consumo como o fim do desperdício devem ser transmitidos às pessoas que convivem com você. Se contar com a ajuda de uma funcionária para o trabalho doméstico, explique a ela as vantagens, para o bolso e para o meio ambiente, de reduzir a quantidade de produtos de limpeza, água e energia elétrica.

Concentre-se no que realmente importa

É comum tomarmos decisões que nos prejudicam. Financiamento é um bom exemplo: damos mais atenção ao valor das prestações do que ao montante final – acrescido de juros e correção monetária. Quem compra um imóvel a prazo sempre diz que é um investimento, pois está morando no que é seu. Mas deve analisar: se o imóvel custa 100 mil e é pago em parcelas de R$ 1.000,00 (que cabem no orçamento), depois de 30 anos o proprietário acabou pagando 350 mil, ou seja, com o que gastou poderia ter comprado três iguais.

Radiografia financeira

Para que você possa comprar com consciência, é importante saber com exatidão qual a situação da sua vida financeira, ou seja, para onde vai o seu dinheiro. Esse conhecimento certamente vai auxiliá-lo a não desperdiçar o dinheiro que você muitas vezes nem tem. Para isso, recomendo que você faça uma radiografia da sua situação financeira.

O diagnóstico das suas finanças funciona como um raio X utilizado em análises clínicas, só que o processo de realização do exame é um pouco diferente. Nesse caso, diagnosticar é colocar na ponta do lápis todos os débitos que são feitos no ato da compra ou do pagamento do serviço, de maneira que você tenha, ao final do mês, uma radiografia precisa do caminho que o seu dinheiro percorreu durante esse período.

A radiografia financeira é o ato de tomar nota de todo e qualquer dinheiro que saia do seu bolso, sem exceções, por um determinado período. Sendo assim, durante um mês, eu sugiro que você ande sempre com um pequeno apontamento de despesas, um bloco de notas que caiba na sua carteira ou no seu bolso.

As anotações dos valores deverão ser registradas por tipo de despesa. Em cada página, você deve colocar, no topo, a categoria da despesa a que ela corresponde, como padaria, farmácia, supermercado, táxi, cinema, combustível, cabeleireiro, academia, etc.

O raciocínio é o seguinte: ao separar por tipo de despesa, você enxergará com mais clareza onde estão os excessos. Ao final de um mês, você terá o seu diagnóstico financeiro em mãos e poderá analisá-lo, identificando os exageros em cada categoria de consumo. Dessa forma, será capaz de promover cortes e terá também a chance de se conscientizar quando perceber os excessos que anda cometendo.

Você pode estar pensando que não haverá muito o que cortar dos seus gastos. Porém, ao diagnosticar, eu garanto que você chegará à conclusão de que, em algumas categorias de consumo, existem coisas que podem ser eliminadas.

O melhor de tudo isso é que a leitura e a interpretação da sua radiografia financeira serão feitas por você, como um exame de consciência, baseado em números precisos. Ou seja, você verá com seus próprios olhos e vai tirar suas próprias conclusões a partir daí.

Geralmente, após a execução do diagnóstico da saúde financeira, muitas pessoas constatam que parte de seu consumo é imperceptível, porém, dispendioso. O so-

Rumo à estabilidade financeira

matório, ao final do mês, assusta e muito. Você duvida? Então, arregace as mangas e encare o processo das anotações diárias. Costumo dizer que diagnosticar e, posteriormente, cortar são as principais ações estratégicas que o ajudarão a alcançar com mais rapidez tudo aquilo que merece. Pode confiar!

Você no controle

Ao final deste livro, podemos constatar que grande parte das compras se dá por impulso, seja como forma de extravasar um sentimento – otimista ou pessimista –, seja pela sensação de poder que o consumo proporciona. No entanto, se você quer mudar a sua vida financeira e alcançar o equilíbrio, precisa parar de se enganar e, de fato, refletir sobre seus hábitos e suas motivações.

Já vimos que a maioria das pessoas gasta mais do que deve com coisas miúdas, como cafezinhos depois do almoço, e depois não consegue entender onde o dinheiro foi parar. Além de estar atento a essas pequenas despesas, é importante também pensar nos gastos que estão por trás da compra de um produto ou bem. Na aquisição de um apartamento, por exemplo, pode não ser apenas a prestação a pagar, mas impostos, custos de reforma e aquisição de móveis e eletrodomésticos e outros itens.

Outro aspecto a ser considerado nessa hipótese são os preços do local onde você vai morar, que podem ser mais elevados. A variação do custo de vida de um bairro para outro pode variar até 50%, o que é capaz de comprometer bastante o orçamento de quem não estiver contando com isso.

Comprar também é fazer dívida! Pense nisso antes de planejar adquirir alguma coisa que não seja um bem de valor, como uma casa ou um carro. Por exemplo: você viajou de férias com a família e exagerou nos gastos com o cartão de crédito. Quando chega a fatura, acaba optando pelo parcelamento para não atrasar a prestação da casa, e, assim, arca com juros muito mais altos. Reflita a respeito disso da próxima vez que for comprar algo por impulso. Às vezes, o consumo pode dar mais dores de cabeça no futuro do que prazer no momento.

É importante ainda fazer uma espécie de blitz em seu padrão de consumo. Só assim, anotando os gastos diários e analisando-os, você perceberá de forma mais nítida por onde seu dinheiro escapa – primeiro passo para mudar os hábitos e passar a ter uma vida financeira sustentável.

Pergunte-se, por exemplo, para onde vai a maioria dos seus rendimentos, quais são suas principais despesas, se todas elas são necessárias, como os gastos podem ser reduzidos e quais podem ser eliminados. Muitas vezes é preciso cortar custos para assegurar o equilíbrio.

Lembre-se: você deve transformar os hábitos para gerar riquezas e não para acumular bens muitas vezes inúteis, que acabam indo para o lixo. Fazer isso começa por conhecer os próprios números, o que assegura que você gaste menos do que ganha. Isso porque quem gasta menos do que ganha é capaz de eliminar dívidas; quem elimina dívidas consegue guardar dinheiro; e quem guarda dinheiro constrói a independência financeira e pode usufruir de mais conforto e oferecê-lo aos familiares.

Esse é um círculo virtuoso em que todos saem ganhando. Assim, reassuma o controle de sua vida financeira, paute-se por atitude, disciplina e perseverança e tenha em mente que, se o dinheiro é a mola que move o mundo, estarão mais preparados aqueles que tiverem controle sobre ele, aqueles que não forem escravos, mas senhores dos recursos financeiros de que dispõem.

Uma boa forma de começar? Reduza seu consumo e passe a comprar com consciência. Costumo dizer em minhas palestras que educação alimentar e educação financeira correm juntas. Por isso, não se pode descuidar. Boa sorte!

DSOP
Educação
Financeira

Disseminar o conceito de Educação Financeira, contribuindo para a criação de uma nova geração de pessoas financeiramente independentes. A partir desse objetivo foi criada, em 2008, a DSOP Educação Financeira.

Presidida pelo educador e terapeuta financeiro Reinaldo Domingos, a DSOP Educação Financeira oferece uma série de produtos e serviços sob medida para pessoas, empresas e instituições de ensino interessadas em aplicar e consolidar o conhecimento sobre Educação Financeira.

São cursos, seminários, workshops, palestras, formação de educadores financeiros, capacitação de professores, pós-graduação em Educação Financeira e Coaching, licenciamento da marca DSOP por meio da rede de educadores DSOP e Franquia DSOP. Cada um dos produtos foi desenvolvido para atender às diferentes necessidades dos diversos públicos, de forma integrada e consistente.

Todo o conteúdo educacional disseminado pela DSOP Educação Financeira segue as diretrizes da Metodologia DSOP, concebida a partir de uma abordagem comportamental em relação ao tema finanças.

Reinaldo
Domingos

Reinaldo Domingos é professor, educador e terapeuta financeiro, presidente e fundador da DSOP Educação Financeira e da ABEFIN – Associação Brasileira dos Educadores Financeiros. Publicou os livros Terapia Financeira; Eu Mereço Ter Dinheiro; Livre-se das Dívidas; Ter Dinheiro não tem Segredo; O Menino do Dinheiro – Sonhos de Família; O Menino do Dinheiro – Vai à Escola; O Menino do Dinheiro – Ação entre Amigos; O Menino e o Dinheiro; O Menino, o Dinheiro e os Três Cofrinhos; e O Menino, o Dinheiro e a Formigarra.

Em 2009, idealizou a primeira Coleção Didática de Educação Financeira para o Ensino Básico do Brasil, já adotada por diversas escolas brasileiras.

Em 2012, criou o primeiro Programa de Educação Financeira para Jovens Aprendizes, já adotado por diversas entidades de ensino profissionalizante, e lançou o primeiro Programa de Educação Financeira para o Ensino de Jovens e Adultos – EJA.

Contatos do autor

No portal DSOP de Educação Financeira (www.dsop.com.br) você encontra todas as simulações, testes, apontamentos, orçamentos e planilhas eletrônicas.

Contatos do autor:

reinaldo.domingos@dsop.com.br

www.dsop.com.br

www.editoradsop.com.br

www.reinaldodomingos.com.br

www.twitter.com/reinaldodsop

www.twitter.com/institutodsop

www.facebook.com/reinaldodomingos

www.facebook.com/DSOPEducacaoFinanceira

www.facebook.com/editoradsop

Fone: 55 11 3177-7800